BEI GRIN MACHT SICH I
WISSEN BEZAHLT

- Wir veröffentlichen Ihre Hausarbeit,
  Bachelor- und Masterarbeit

- Ihr eigenes eBook und Buch -
  weltweit in allen wichtigen Shops

- Verdienen Sie an jedem Verkauf

Jetzt bei www.GRIN.com hochladen
und kostenlos publizieren

Yulia Demyanenko

Open Source Software in der öffentlichen Verwaltung

GRIN Verlag

Bibliografische Information der Deutschen Nationalbibliothek:

Die Deutsche Bibliothek verzeichnet diese Publikation in der Deutschen National-
bibliografie; detaillierte bibliografische Daten sind im Internet über http://dnb.d-
nb.de/ abrufbar.

Impressum:

Copyright © 2014 GRIN Verlag GmbH
Druck und Bindung: Books on Demand GmbH, Norderstedt Germany
ISBN: 978-3-656-82092-5

Dieses Buch bei GRIN:

http://www.grin.com/de/e-book/281301/open-source-software-in-der-oeffentlichen-
verwaltung

GRIN - Your knowledge has value

Der GRIN Verlag publiziert seit 1998 wissenschaftliche Arbeiten von Studenten, Hochschullehrern und anderen Akademikern als eBook und gedrucktes Buch. Die Verlagswebsite www.grin.com ist die ideale Plattform zur Veröffentlichung von Hausarbeiten, Abschlussarbeiten, wissenschaftlichen Aufsätzen, Dissertationen und Fachbüchern.

Besuchen Sie uns im Internet:

http://www.grin.com/

http://www.facebook.com/grincom

http://www.twitter.com/grin_com

Fachbereich Wirtschaftsinformatik, Masterstudiengang

DER EINSATZ VON OSS IN DER ÖFFENTLICHEN VERWALTUNG

Abgabe: Deggendorf, 26.06. 2014

Vorlesung: Kollaborative Systeme

Sommersemester 2014

Inhaltsverzeichnis

1. Einleitung

In Deutschland stehen viele Bundes- und Kommunalverwaltungen vor der Entscheidung, ob und in welchem Maße sie Open Source Software (OSS) einsetzen wollen. Während sich die Städte wie München, Schwäbisch-Hall, Wolfsburg und Leonberg dafür entschieden haben, OSS einzusetzen, haben sich die Städte wie z.B. Frankfurt/M., Worms, Böblingen, Weingarten, Ravensburg und das Landratsamt Heidenheim dagegen entschieden. Über den Einsatz von OSS gibt es derzeit auch im Ausland, von Brasilien über Kanada und Großbritannien bis hin nach Asien Diskussionen, ob man im öffentlichen Sektor auf OSS wechseln soll. Die Stadt Wien hat eine Migrationsstudie durchgeführt und diese Studie online zur Verfügung gestellt. In der Schweiz hat man unter den Mitarbeitern des Bundesverwaltungsamtes eine Umfrage durchgeführt, um herauszufinden, ob die Mitarbeiter überhaupt dafür sind und für den möglichen Einsatz ausreichendes Know-how besitzen.

Bei der Gesamtbetrachtung der kontroversen Diskussionen in der Fachliteratur und der Praxis kommt man zu dem Schluss, dass die Vor- und Nachteile des Einsatzes der OSS dabei eine große Rolle spielen. Hiermit ergibt sich natürlich die Frage, welche Vor- und Nachteile der Einsatz der OSS hat und wie diese zu bewerten sind. Auf diese Frage wird in dieser Hausarbeit genau eingegangen. Um diese Frage konkret zu beantworten, werde ich zunächst auf die Vor- und Nachteile, die in der Literatur diskutiert werden, eingehen und anschließend anhand der zwei OSS-Großprojekte „LiMux" in München und „OTRS-Einsatz" in Schwäbisch Hall das Thema konkretisieren.

Im ersten Kapitel der Arbeit möchte ich den Begriff OSS definieren und von den anderen ähnlichen Begriffen abgrenzen. Danach werde ich ihre wichtigen Kriterien erklären. Im nächsten Kapitel werden die Pro- und Contra- Argumente des Einsatzes von OSS diskutiert. Um diese Diskussionen noch konkreter zu machen, möchte ich auf die zwei Beispiele eingehen, um zu zeigen, wie diese OSS eingesetzt haben und ob sie dadurch einen Erfolg erreicht haben.

2. Begriffsdefinition von der OSS

Es wird in der aktuellen Diskussion der Begriff der Open Source Software (OSS) meistens unzutreffend gebraucht oder mit den anderen Softwares verwechselt. In diesem Abschnitt möchte ich deshalb zunächst den Begriff der Open Source Software klären und von den anderen Softwarearten abgrenzen.

Begriff der Open Source Software

Die Geschichte der OSS ist noch jung. Erst im Jahre 1985 entstand die Idee eines freien Betriebssystems auf UNIX Basis. Richard Stallman gründete auch die Free Software Foundation (FSF). Open Source Software hat die folgenden wichtigen Kriterien.

Freier Zugang zum Quellcode

Man legt den gesamten Quellcode der Applikationen offen. Einer Distribution von ausführbaren Binärdateien soll regelmäßig der Quellcode beiliegen. Wenn das nicht der Fall, muss man den Quellcode wie z.B. über die Webseite öffentlich für jeden zugänglich machen.

Freie Weitergabe der Software

Man darf OSS an beliebige Dritte weitergeben. Die Autoren können die Weitergabe nicht einschränken. Die Erhebung von Lizenzgebühren ist nicht verboten, aber deren Durchsetzung wäre aufgrund der freien Weitergabemöglichkeit fast unmöglich.

Beliebige Modifikationen der Software

Es ist gestattet, dass die Entwickler freier Software beliebige Änderungen an ihren Produkten vornehmen. Allerdings muss die modifizierte Software unter den gleichen Voraussetzungen, wie die originale Version, weiterverbreitet werden können.[1]

Keine Einschränkungen der Nutzung

OSS kann für diverse Ziele von jedem genutzt werden. Man darf nicht bestimmten Gruppen die Nutzung verbieten der OSS bzw. einschränken. Das Ziel ist dabei, dass man dadurch die kommerzielle Nutzung der OSS verhindert. Wenn alle diese Kriterien erfüllt sind, kann man das Produkt als OSS bezeichnen (im Sinne der Open Source Initiative (OSI) Definition).[2]

---

[1] Thomas Renner/Michael Vetter/Sascha Rex/Holger Kett: Open Source Software: Einsatzpotenziale und Wirtschaftlichkeit, Eine Studie der Fraunhofer-Gesellschaft 2005, S. 12f.
[2] http://opensource.org/osd, Zugriff: 21.05.2014.

4

So definiert OSI die OSS: „The basic idea behind open source is very simple: When programmers can read, redistribute, and modify the source code for a piece of software, the software evolves. People improve it, people adapt it, people fix bugs. And this can happen at a speed that, if one is used to the slow pace of conventional software development, seems astonishing."[3]

Der Begriff OSS wird oft auch als Synonym für „Freie Software" gebraucht. Allerdings bedeutet dies nicht immer gleiche. Das Wort „frei" in „Freie Software" bedeutet weniger die Kostenfrage: Damit wird die Freiheit der Nutzung wie z.B. „freies Reden" gemeint. Man spricht von vier Freiheiten bei der *Freien Software*:

- Die Freiheit, das Programm für jeden Zweck zu verwenden.
- Die Freiheit, das Programm zu untersuchen und an seine Bedürfnisse anzupassen. Die Offenlegung des Quellcodes ist dafür unabdingbar.
- Die Freiheit, Kopien des Programms weiterzugeben.
- Die Freiheit, das Programm zu verändern und diese veränderten Versionen zu veröffentlichen.[4]

Nach einer strengen Interpretation darf eine „freie Software" einem Nutzer oder Weiterentwickler keine Beschränkungen vorschreiben. Außerdem muss man die offene Software von den offenen Standards unterscheiden. Offene Standards werden auch von Microsoft und anderen Anbietern proprietärer Software genutzt.[5]

---

[3] http://opensource.org/, Zugriff: 21.05.2014.
[4] DEUTSCHER BUNDESTAG: Bericht Projektgruppe Interoperabilität, Standards, Freie Software, 09.01.2013., S. 44f.
[5] Arbeitskreis Informationstechnologie des StGB NRW, Einsatz von OpenSource Software (OSS) in Kommunen Mai 2005, S.5f.

3. Vor- und Nachteile des Einsatzes von der OSS

Die Argumente, die für oder gegen Einsatz von der OSS genannt werden, sind in der Fachliteratur weitgehend bekannt. Wenn man diese genau betrachtet und zusammenfasst, ergeben sich die folgenden wichtigsten Vor- und Nachteile.

3.1 Vorteile

Die Bundesstelle für Informationstechnik (BIT)-Abteilung des Bundesverwaltungsamtes beschreibt die Vorteile der OSS wie folgt:

- **„Offenheit und Interoperabilität**: Die Verfügbarkeit des Quellcodes geht einher mit der Definition von offenen und vollständig dokumentierten Schnittstellen und Datenformaten. Damit ist OSS ein wichtiger Baustein einer umfassenden Open-Government-Strategie.

- **Strategische Position**: OSS-Produkte gewähren umfangreiche Rechte zur Nutzung und Veränderung der Programme. Darüber hinaus ist es möglich, durch eigene Beiträge die Ausrichtung eines OSS-Produkts selbst zu beeinflussen.

- **Wirtschaftlichkeit**: Lizenzgebühren für die reine Nutzung von OSS entstehen nicht (für Beratung, Schulungen, Support, Wartung oder Gewährleistung können aber Kosten entstehen). Damit können Software-Entwicklungsprojekte klein starten und später auf viele Nutzer skalieren, ohne dass zusätzliche Lizenzkosten anfallen.

- **Qualität und Sicherheit**: Durch die Offenlegung des Quellcode für jedermann sind Entwickler dazu angehalten, sauberen und fehlerarmen Code zu produzieren. Sollten doch Fehler oder Sicherheitslücken auftauchen, so werden diese meist schnell gefunden und abgestellt bzw. geschlossen.

- **Produktivität und Innovativität**: Schnittstellen sind gerade in großen OSS-Projekten sehr sauber definiert, weil ansonsten das Open-Source-Entwicklungsmodell nicht funktionieren könnte. Diese sauberen Schnittstellen erlauben es, bestehende OSS-Komponenten relativ schnell zu neuen, umfangreichen Programmen zu kombinieren.

- **Markt und Wettbewerb:** OSS stärkt den Wettbewerb. Offene Standards und freier Quellcode-Zugang reduzieren Herstellerabhängigkeiten. Sie ermöglichen es Wettbewerbern, in die Fortentwicklung, Verbesserung oder Spezialisierung von OSS einzusteigen und dabei auf frei verfügbarem Wissen und Technik aufzubauen.

- **Außenwirkung:** OSS ist im privaten und professionellen Einsatz etabliert und akzeptiert. Durch offene Standards und plattformunabhängige OSS wird bei der digitalen Kommunikation mit behördlichen Einrichtungen niemand ausgeschlossen."[6]

Wenn man die Diskussionen über die Vorteile der OSS in der Fachliteratur[7] genau betrachtet und zusammenfasst, ergeben sich die wichtigsten Vorteile für einen OSS-Einsatz wie folgt:

- ✓ die geringen Beschaffungskosten

- ✓ die schnelle und kompetente Unterstützung der OSS-Gemeinde

- ✓ die hohe Qualität und Sicherheit der Software.

3.2 Nachteile

Wie bei den Vorteilen gibt es auch bei den Nachteilen einen Konsens über den Einsatz der OSS. Die gängigen und meist bekannten Nachteile, die sowohl in der Fachliteratur als auch in der Praxis erwähnt werden, sind:

- **Eingeschränkte Haftung (rechtliche Aspekte):** Es besteht keine Möglichkeit, dass man Gewährleistungs- oder Haftungsansprüche gegen die Entwickler der Software geltend macht. In der Regel übernehmen die OSS-Lizenzen keine Garantie für die Funktionstüchtigkeit der Software. Deswegen hat der Nutzer bzw. Anwender

---

[6] Bundesverwaltungsamt:
http://www.bva.bund.de/DE/Organisation/Abteilungen/Abteilung_BIT/Leistungen/IT_Beratungsleistungen/CCO
SS/02_OSS/01_Vorteile/node.html, Zugriff: 24.05.2014.
[7] Thomas Renner/Michael Vetter/Sascha Rex/Holger Kett: Open Source Software: Einsatzpotenziale und Wirtschaftlichkeit, Eine Studie der Fraunhofer-Gesellschaft 2005, S. 16ff.; Friedrich-L. Holl (Hrsg.): MetastudieOpen-Source-Software und ihre Bedeutung für Innovatives Handeln, Band 1, Berlin 2006, S. 20-24.; DEUTSCHER BUNDESTAG: Bericht Projektgruppe Interoperabilität, Standards, Freie Software, 09.01.2013., S. 52ff.

das Risiko beim Einsatz zu tragen. Aus diesem Grund spielen Gewährleistungsansprüche bei OSS kaum eine Rolle.[8]

- **Kompatibilität:** Da die Fachanwendungen überwiegend über proprietäre Schnittstellen an ebensolche Software-Systeme verbunden sind, wird der Einsatz von OSS über offene Standards schwierig. Außerdem verfügt man für Geräte wie z.B. Scanner nicht immer über optimale OSS-Treiber.[9]

- **Wirtschaftliche Herausforderungen:** Einige Zertifizierung spezieller Software ist mit hohen Kosten verbunden. Deshalb stellt dies die ehrenamtlichen Programmierer von OSS vor erhebliche wirtschaftliche Herausforderungen.

- **Höhere Anforderungen an Nutzer:** Die Produkte der Open Source Software sind nicht immer automatisch als schlechter bedienbar wie proprietäre Software einzustufen. Jedoch sind die Anwender oft an proprietäre Produkte gewöhnt, sodass ein Umstieg auf eine OSS-Alternative offensiv beworben werden muss. Dies kann man z.B. durch Projektmarketing, Schulungen und Informationsveranstaltungen tun.

- **Wenige Angebote an OSS-Schulungen/Beratung:** Bei Problemen stehen nur wenige Entwickler als Ansprechpartner zur Verfügung. Wenn diese ausfallen, stehen den Entwicklern keine Ansprechpartner zur Verfügung und andere Entwickler müssen sich erst aufwändig in den Code einarbeiten. Auch diesbezügliche Schulungen werden nicht oft angeboten.[10]

---

[8] Ebd. S. 55.
[9] Bundesverwaltungsamt:
http://www.bva.bund.de/DE/Organisation/Abteilungen/Abteilung_BIT/Leistungen/IT_Beratungsleistungen/CCOSS/02_OSS/01_Vorteile/node.html, Zugriff: 24.05.2014.
[10] Thomas Renner/Michael Vetter/Sascha Rex/Holger Kett: Open Source Software: Einsatzpotenziale und Wirtschaftlichkeit, Eine Studie der Fraunhofer-Gesellschaft 2005, S. 17.

8

4. OSS-Einsatz in der Verwaltung in Deutschland

Durch das intensive Engagement der politischen Initiativen der Europäischen Union , nahm das Thema OSS in zahlreichen EU-Staaten einen relativ hohen Stellenwert ein. Diese Diskussion ist innerhalb der EU insbesondere in Deutschland weit fortgeschritten. Sowohl auf kommunaler, Landes- als auch Bundesebene werden in Deutschland verschiedene Applikationen client- und serverseitig verwendet. Das Kompetenzzentrum Open-Source-Software in der Bundesstelle für Informationstechnik des Bundesverwaltungsamtes ist dafür zuständig und fördert den Einsatz von Open-Source-Software (OSS) in der Bundesverwaltung. Interessierten Bundesbehörden bietet das Kompetenzzentrum OSS Hilfestellung bei den wichtigen OSS betreffenden Angelegenheiten. Das Zentrum bietet jede Hilfe bei der Entscheidungsfindung über Produktauswahl bis zur Migrationsberatung. Darüber hinaus pflegt das Kompetenzzentrum OSS ein Netzwerk von Erfahrungsträgern und kann darüber ansprechpartner für bestimmte Fragestellungen vermitteln.[11]Auch einen Überblick über die verschiedenen Einsätze gibt das OSS Kompetenzzentrum des Bundesverwaltungsamtes. Bisher spricht man von zahlreichen Best-Practice-Beispielen.[12]

Allerdings ist es methodisch ziemlich schwierig die grundsätzliche Verbreitung vom OSS zu messen, weil OSS sehr unterschiedlich genutzt wird. Europaweit listete die Internetplattform der Europäischen Kommission (Joinup) zur Verbreitung und gemeinsamen Entwicklung von Open-Source- Software aus dem Behördenumfeld für das Jahr 2011 knapp 2500 Open-Source-Projekte der öffentlichen Verwaltungen in Europa auf. Laut Bericht der EU-Kommission hat in der BRD der Anteil an verwendeten oder veränderten Open-Source-Komponenten in der Bundesverwaltung in den letzten Jahren andauernd zugenommen.[13]

Einige Großprojekte wie „LiMux" in München, OSS-Einsatz in der Stadt Schwäbisch Hall oder auch in Bundesbehörden wie zum Beispiel OSS im Auswärtigen Amt haben für öffentliche Aufmerksamkeit gesorgt.

---

[11]Bundesverwaltungsamt:
http://www.bva.bund.de/DE/Organisation/Abteilungen/Abteilung_BIT/Leistungen/IT_Beratungsleistungen/CCO SS/ccoss_node.html, Zugriff: 27.05.2014.
[12] http://www.open-it-berlin.de/infobox/publikationen/open-it-und-open-source-best-practice-berlin-2014, Zugriff: 27.05.2014.
[13] DEUTSCHER BUNDESTAG: Bericht Projektgruppe Interoperabilität, Standards, Freie Software, 09.01.2013., S. 59f.

Im Folgenden möchte ich deswegen anhand der zwei Beispiele (Projekt „LiMux" in München und Einsatz vom Open Ticket Request System (OTRS) in der Schwäbisch Haller Verwaltung) genauer analysieren, um zu zeigen, welche Erfahrungen bisher mit OSS-Einsatz gemacht wurden. Hier soll außerdem erklärt werden, welche Vor- und Nachteile dadurch entstanden sind und wie mit diesen umgegangen wurde.

4.1 Das Großprojekt „LiMux" in München

Der Münchener Stadtrat hatte am 28. Mai 2003 entschieden, beim Großteil der städtischen PC-Arbeitsplätze vom bisher eingesetzten Windows Betriebssystem der Firma Microsoft auf Open Source Software umzusteigen. Dabei wurden die folgenden Hauptziele ins Auge gefasst.

- Durchführung der Migration der weit überwiegenden Anzahl der PC-Arbeitsplätze auf den stadtweit einheitlichen Linux-Basisclient.

- Bevorzugt wurden dabei herstellerunabhängige und von einem bestimmten Betriebssystem und Office-Produkt unabhängige Lösungen.

- Migration der Fachverfahren auf webbasierte Lösungen oder auf native Linux-Lösungen, um für zukünftige Migrationen gerüstet zu sein.

- Konsolidierung und gegebenenfalls Migration der PC-Standard-Anwendungen auf ein vernünftiges Maß, das heißt eine Software für eine Funktion.

- Konsolidierung und Migration von MS-Office-Makros, -Vorlagen und -Formularen, die in den vergangenen Jahren in einer Vielzahl unkoordiniert und unkontrolliert entstanden waren.

- Einführung von Systemmanagement-Lösungen für den Basisclient, wie zum Beispiel einer stadtweiten Softwareverteilung und eines einheitlichen Anmeldedienstes.[14]

Damit wollte man nicht nur Kosten sparen, sondern sind auch von Herstellern, Produktzyklen und Betriebssystemen unabhängig machen. Dies löste eine große Reaktion aus, sodass sogar

---

[14] Susanne Ehneß: München schließt Projekt „Limux" ab, aus: http://www.egovernment-computing.de/systems/articles/428404/, Zugriff: 28.05.2014.

die amerikanische Zeitung USA-Today über die Entscheidung der Landeshauptstadt München künftig auf Open Source Software umzusteigen berichtete. Mit dem Beschluss des Jahres 2004 beauftragte der Stadtrat der Stadt München die Verwaltung schließlich damit, stadtweit 12.000 Arbeitsplatzrechner von Windows auf das freie Betriebssystem Linux umzustellen. Das unter der Name „LiMux – Die IT-Evolution" bekannte Projekt startete 2005 und im Oktober 2012 ging es zu Ende. Das anfängliche Ziel, dass man 12.000 Arbeitsplatzrechner von Windows auf das freie Betriebssystem Linux umstellen soll, wurde erreicht. Es wurden sogar alle Projektziele übertroffen. 2013 erreichte man über 14.800 LiMux-Arbeitsplätze in der Münchner Stadtverwaltung. Laut Bericht der Stadt München sind die Mehrheit der Nutzer/-innen sowie die Administratoren längst mit dem freien Betriebssystem vertraut.[15]

Man befürchtete anfänglich, dass die mehreren Tausend PC-Arbeitsplätze während der Umstellung nicht funktionieren würden. Allerdings waren sie stets funktionsfähig. Darüber hinaus konnten die IT-Fachleute im Rahmen des „LiMux-Projekts" das stadtweite Formularverwaltungssystem „WollMux" entwickeln, das sogar als freie Software veröffentlicht und an Kommunen, Firmen und Privatleute weitergegeben wurde. Durch das Projekt konnte man auch Anwendungen und Prozesse ebenfalls vereinheitlichen.

4.2 Einsatz vom OTRS in Schwäbisch Hall

4.2.1 Was ist das OTRS?

OTRS Ticket System ist mit weltweit über 100.000 Installationen in 32 unterschiedlichen Sprachen das führende Help Desk System in der Welt. OTRS ist unter der Affero General Public License V3 (AGPL) lizensiert, welches den Nutzern einen kostenfreien Download sowie eine kostenfreie Installation, Nutzung und Veränderung der Software ermöglicht. Das heißt, ohne Lizenzkosten sind uneingeschränkte Nutzung, unbegrenzte Installationen und einfache Weiterentwicklung des OTRS möglich. Es ist in Perl geschrieben und wird seit der Gründung kontinuierlich weiterentwickelt. Die unterstützenden Datenbanken sind My SQL, PostgreSQL, Oracle, SQL Server. Derzeit ist es in der Version 3.0 verfügbar.[16]

---

[15] Stadt München: www.muenchen.de/limux, Zugriff: 27.05.2014.
[16] ADACOR: Behind the Scene, Nr. 16, Ausgabe 16, 04/2013, S. 20f.

OTRS als Help Desk Software bietet den Firmen die zahlreichen Anfragen Ihrer Kunden per Telefon, E-Mail, SMS, Kundeportal-Portal usw. zentral zu sammeln und diese entsprechend der Art der Anfrage der richtigen Queue, d.h. dem richtigen Service-Team zur Bearbeitung zuzuordnen. Die Anfrage wird mit einer Ticketnummer gekennzeichnet, damit die nachfolgende Kommunikation diesem Ticket als weitere Artikel zugeordnet werden kann. Während in einem E-Mail-Client-System jeder Service-Mitarbeiter sein eigenes Postfach hat, ermöglicht OTRS, die zentrale, webbasierte Bearbeitung von Kundenanfragen. D.h. jeder anwesende Service-Mitarbeiter nimmt sich aktiv ein neues Ticket aus der Queue oder es wird ihm zugeteilt. Es ist dabei auch möglich, dass sich mehrere Personen gleichzeitig an der Erledigung der Aufgabe beteiligen, ohne die Anfrage hin und her zu senden. Erinnerungs- und Eskalationsfunktionen sorgen dafür, dass keine Tickets vergessen oder zu spät bearbeitet werden. Dadurch kann man die Arbeit optimal verteilen und mit wenigen Mitarbeitern die Aufgaben erledigen.[17]

4.2.2 OTRS in der Schwäbisch Haller Verwaltung

Die Stadt Schwäbisch Hall gilt als Bahnbrecher bei der Umstellung der Datentechnik auf offene Systeme. Sowohl die Infrastruktur als auch Desktops werden nahezu vollständig auf Linux-Systemen betrieben. Die wichtigsten Themenfelder bei der Umstrukturierung waren folgende Punkte: Fileserver, DMS und Archivierung, Benutzerverwaltung, Drucken, Office, Groupware, Fachanwendungen, Virtuelle Maschinen und Desktop. Die Stadt konnte bei der Migration auf offene Systeme einen großen Erfolg erzielen. In Schwäbisch Hall sind etwa 418 Rechner (Server und Desktops) und 212 Drucker im Einsatz. Die Verwaltung ist auf verschiedene Standorte verteilt. Die Standorte sind untereinander mit eigenen Glasfaserkabeln vernetzt. 16 Außenstellen sind über ein DSL-VPN angebunden.

Der Grund, der die Idee der Umstellung ausgelöst hat, war der Einbruch der Gewerbesteuer 2002. Um die Kosten der Stadtverwaltung zu senken, wurde von der EDV-Abteilung vorgeschlagen, die offene Software für Betriebssystem und Office-Paket einzusetzen, um

---

[17] Was ist eine Help Desk Software?, aus: http://www.otrs.com/software/?lang=de, Zugriff: 01.06.2014.

dauerhaft Lizenzkosten einzusparen. Die wirtschaftlichen Aspekten spielten zwar bei der Migration eine große Rolle aber die IT-Mitarbeiter in Schwäbisch Hall hielten die nachhaltige Freiheit und Selbstbestimmung in der Auswahl der Software sowie die Sicherheit und Verfügbarkeit für wichtig, denn sie hatte bereits seit 1992 Erfahrung mit UNIX-, später Linux-Systemen gemacht und neue Mitarbeiter der EDV wurden dazu geschult.[18]

Der Einsatz vom OTRS

Damit die Migration in Schwäbisch Hall „im laufenden Betrieb" ohne Einstellung vom zusätzlichen Personal erfolgte, wurde ein externer zentraler Helpdesk etabliert, der alle Anliegen in einem „Ticket"-System erfasste und grob vorqualifizierte. Damit wollte man die EDV-Mitarbeiter in Schwäbisch Hall von ständigen Unterbrechungen durch Telefonanrufe entlasten. Dieser Helpdesk wurde anfangs gemeinsam mit den Stadtwerken Schwäbisch Hall.

Zwischenzeitlich ist für den telefonischen Helpdesk die zentrale Telefonvermittlung der Stadt zuständig. Die dort tätigen Mitarbeiter erfassen telefonische Meldungen über die dafür etablierte Telefonnummer -333 direkt in OTRS (Open Ticket Request System), ein offenes Kommunikationsmanagementsystem, welches oft als Helpdesk-System eingesetzt wird. In der Regel sollte allerdings der Sachbearbeiter selbst sein „Problem" in das System einstellen. Dazu genügt eine einfache E-Mail an 333@schwaebischhall.de.[19]

---

[18] Horst Bräuner: Offene IT in Schwäbisch Hall, aus: http://www.opensourcepublicsector.de/?p=35, Zugriff: 01.06.2014.
[19] Ebd.

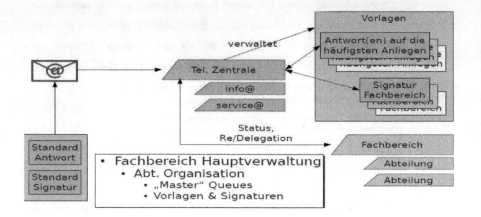

Abb. 1. Zentrale Organisation OTRS bei der Stadt Schwäbisch Hall (Quelle: Horst Bräuner, OTRS in der Stadt Verwaltung Schwäbisch Hall, 2010, http://openexpo.ch-open.ch/fileadmin/documents/2010Bern/Slides/05_HorstBraeuner.pdf, Zugriff: 01.06.2014).

Bei der Stadt Schwäbisch Hall wurde das OTRS-System so organisiert, wie man es in der Abbildung 1 sieht. Es ist der Grafik zu entnehmen, dass OTRS die gesamten Anfragen nach einer bestimmten Logik abfängt und delegiert. Anhand des Ticketsystems können jegliche Art von Anfragen wie z.b. Störungsmeldungen, Service- und Informationsanfragen strukturiert erfasst, klassifiziert und weiterverarbeitet werden.

14

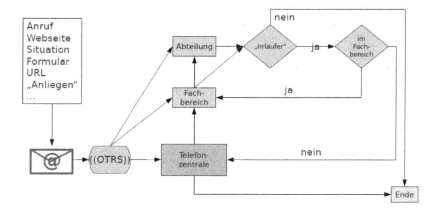

Abb. 2: Prozess „Kommunikation mit OTRS" (Quelle: Horst Bräuner, OTRS in der Stadt Verwaltung
Schwäbisch Hall, 2010, Quelle: http://openexpo.ch-
open.ch/fileadmin/documents/2010Bern/Slides/05_HorstBraeuner.pdf, Zugriff: 01.06.2014).

Wie der Abbildung 2 zu entnehmen ist, werden alle Anliegen, die die Stadt bekommt (wie
z.b. Anrufe, E-mails etc.) von der Zentrale über OTRS abgefangen. Dann landen diese
entweder in der Servicestelle oder im Fachbereich oder in der Abteilung. Wenn die Abteilung
der Meinung ist, dass die Aufgabe ihr nicht gehört, installiert sie den Fachbereich.

Wenn man den gesamten Vorgang des eingesetzten OTRS-Systems zusammenfasst, lassen
sich die folgenden Ergebnisse feststellen:

- Alle Vorgänge werden dadurch gleich behandelt

- Eingangsbestätigung an Kunden, alles in Schriftform

- Man kann jederzeit den Status verfolgen

- Zwischenstand jederzeit abrufbar (sowohl von zentraler Service-Stelle als auch
von Vorgesetzten

- Vertretungsregelung/Abwesenheit gelöst

5. Fazit

Die bisherigen Diskussionen über OSS in der Fachliteratur und zahlreiche Praxisbeispiele, sowohl in der Welt als auch in Deutschland, weisen darauf hin, dass man durch den Einsatz von OSS enorme Vorteile wie z.B. Kosteneinsparung erlangen kann, obwohl es einige Nachteile (wie z.B. eingeschränkte Haftung) gibt. Außerdem ist OSS am flexibelsten, wenn neue Hardware, ein neues Betriebssystem oder neue andere Software angeschafft wird. Denn da der Quellcode offen ist, können Änderungen am Programm mit wenig Aufwand erreicht werden. Sowohl die Stadt München durch ihr Projekt „LiMux" als auch die Stadt Schwäbisch Hall durch den Einsatz von OSS (OTRS), haben im Bereich OSS Pionierarbeit geleistet. Dadurch wurden mehrere Millionen an Steuergeldern gespart, die man für andere Gebiete wie Gesundheit oder Bildung verwenden kann. Weil einige Zertifizierung spezieller Software mit hohen Kosten verbunden ist, stellt dies die ehrenamtlichen Programmierer von OSS vor erhebliche wirtschaftliche Herausforderungen. Um dem vorzubeugen und Qualitätsniveaus anzuheben, ist eine staatlich finanzielle Förderung für Produzenten freier Software erforderlich.

6. Literaturverzeichnis

Adacor: Behind the Scene, Nr. 16, Ausgabe 16, 04/2013.

Arbeitskreis Informationstechnologie des StGB NRW, Einsatz von OpenSource Software (OSS) in Kommunen Mai 2005.

Bundesverwaltungsamt:
http://www.bva.bund.de/DE/Organisation/Abteilungen/Abteilung_BIT/Leistungen /IT_Beratungsleistungen/CCOSS/02_OSS/01_Vorteile/node.html, Zugriff: 24.05.2014.

Deutscher Bundestag: Bericht Projektgruppe Interoperabilität, Standards, Freie Software, 09.01.2013.

Horst Bräuner: Offene IT in Schwäbisch Hall, aus:
http://www.opensourcepublicsector.de/?p=35, Zugriff: 01.06.2014.

http://opensource.org/osd, Zugriff: 21.05.2014.

http://www.open-it-berlin.de/infobox/publikationen/open-it-und-open-source-best-practice-berlin-2014, Zugriff: 27.05.2014.

Susanne Ehneß: München schließt Projekt „Limux" ab, aus: http://www.egovernment-computing.de/systems/articles/428404/, Zugriff: 28.05.2014.

Stadt München: www.muenchen.de/limux, Zugriff: 27.05.2014.

Thomas Renner/Michael Vetter/Sascha Rex/Holger Kett: Open Source Software: Einsatzpotenziale und Wirtschaftlichkeit, Eine Studie der Fraunhofer-Gesellschaft 2005

Was ist eine Help Desk Software? aus: http://www.otrs.com/software/?lang=de, Zugriff: 01.06.2014.